让孩子着迷的成语游戏书 ④

皮皮书坊 编绘

古诗文

化学工业出版社
·北京·

图书在版编目(CIP)数据

让孩子着迷的成语游戏书. ④/皮皮书坊编绘. —北京：化学工业出版社，2020.8
ISBN 978-7-122-37115-7

Ⅰ. ①让… Ⅱ. ①皮… Ⅲ. ①汉语-成语-儿童读物 Ⅳ. ① H136.31-49

中国版本图书馆 CIP 数据核字（2020）第 091758 号

责任编辑：闫春敏　　　　责任校对：杜杏然

出版发行：化学工业出版社(北京市东城区青年湖南街13号
　　　　　邮政编码100011)
印　　装：北京尚唐印刷包装有限公司
710mm×1000mm　1/12　印张　9½　字数　114千字
2020年8月北京第1版第1次印刷

购书咨询：010-64518888
售后服务：010-64518899
网　　址：http://www.cip.com.cn

凡购买本书，如有缺损质量问题，本社销售中心负责调换。

定　价：42.00元　　　　　　　版权所有　违者必究

目录

第一单元 日常生活

对酒当歌　　　　　2

煮豆燃萁　　　　　3

人约黄昏　　　　　4

淡妆浓抹　　　　　5

游戏训练营　　　　6

第二单元 颜色

桃红柳绿　　　　　10

万紫千红　　　　　10

绿肥红瘦　　　　　11

绿叶成阴　　　　　12

青出于蓝　　　　　12

游戏训练营　　　　13

第三单元 季节

满园春色　　　　　18

寸草春晖　　　　　18

春花秋月　　　　　19

寒来暑往　　　　　20

游戏训练营　　　　21

第四单元 自然·植物

柳暗花明　　　　　25

草长莺飞　　　　　26

暗香疏影	26	月落乌啼	37
逃之夭夭	27	浮云蔽日	37
明日黄花	28	晓风残月	38
火树银花	30	游戏训练营	39
游戏训练营	31		

第五单元 自然·现象

风吹雨打	35		
斜风细雨	35		
水落石出	36		
曲径通幽	36		

第六单元 情感

比翼连枝	43
红豆相思	43
青梅竹马	44
曾经沧海	45
碧海青天	46

悲欢离合	47		飞扬跋扈	60
游戏训练营	48		豆蔻年华	61

第七单元 动物

			窈窕淑女	61
劳燕分飞	53		一片冰心	62
蜻蜓点水	53		国色天香	62
走马观花	54		人面桃花	63
车水马龙	55		粉身碎骨	64
游戏训练营	56		温故知新	65

第八单元 人

			游戏训练营	67
不拘一格	60			

第九单元 关于时间

春宵一刻 72

蹉跎岁月 72

光阴似箭 73

朝朝暮暮 73

游戏训练营 74

第十单元 境况

天上人间 79

卷土重来 80

司空见惯 81

扑朔迷离 82

游戏训练营 84

第十一单元 非四字格成语

更上一层楼 88

不识庐山真面目 88

桃李满天下 89

少壮不努力,老大徒伤悲 89

山雨欲来风满楼 90

心有灵犀一点通 90

一日不见,如隔三秋 91

游戏训练营 92

答案 95

第一单元 日常生活

对酒当歌

【释义】对着酒唱着歌,即边饮酒边唱歌。原指人生短暂,应该及时有所作为。后也用来指人生应当及时行乐。

《短歌行(节选)》
（汉）曹操

对酒当歌,人生几何!
譬（pì）如朝露,去日苦多。
慨当以慷,忧思难忘。
何以解忧?唯有杜康。
青青子衿（jīn）,悠悠我心。
但为君故,沉吟至今。
呦（yōu）呦鹿鸣,食野之苹。
我有嘉宾,鼓瑟（sè）吹笙（shēng）。

【译文】我一边喝着美酒一边高声放歌,人生的岁月才有多少啊!好比早上的露珠转瞬即逝,逝去的时光实在太多!宴会上的歌声慷慨激昂,心中的忧愁却难以忘却。靠什么来排解忧愁呢?唯有豪饮美酒才可解忧。有学识的才子们啊,你们令我日夜思慕。只是因为你们的缘故,我才会低声反复吟诵至今。阳光下的鹿群呦呦欢鸣,在原野上啃食着艾蒿。一旦四方贤才光临舍下,我将鼓瑟吹笙、宴请嘉宾。

煮豆燃萁（qí）

【释义】烧豆秸（jiē）煮豆子。旧时用来比喻兄弟间互相残害。燃：烧；萁：豆秸。

【近义词】同室操戈　兄弟阋（xì）墙

《七步诗》
（汉）曹植

煮豆燃豆萁，豆在釜中泣。
本是同根生，相煎何太急？

【译文】锅里煮着豆子，豆秸在锅底下燃烧，豆子在锅里哭泣。豆子和豆秸本来是同一条根上生长出来的，豆秸怎么能这样急迫地煎熬豆子呢？

【古诗里的故事】
　　魏武帝曹操的第四个儿子曹植从小聪明有才华，深受曹操的喜爱。曹操的二儿子曹丕（pī）做了皇帝后，常想找借口除掉曹植。
　　一次，曹丕当众命令曹植在走七步路的时间内作出一首诗，并要以兄弟为内容，但诗内不许出现兄弟二字，作不出来就要被处死。曹植想了想，就开始走起来。七步还没走完，曹植的诗已吟出来了："煮豆燃豆萁，豆在釜中泣。本是同根生，相煎何太急？"
　　曹丕听了这首诗很是惭愧，赶紧放了曹植。

人约黄昏

【释义】指恋人约会。

《生查子·元夕》
（宋）欧阳修

去年元夜时，
花市灯如昼。
月上柳梢头，
人约黄昏后。
今年元夜时，
月与灯依旧。
不见去年人，
泪湿春衫袖。

【译文】去年元宵节的夜晚，花市的灯光像白天一样明亮。月儿升起在柳树梢头，有人约我黄昏以后共叙衷肠。今年元宵节的夜晚，月光与灯光同去年的一样，可是却再也看不到去年的那个人，泪珠不觉湿透了衣裳。

元夜：即元宵节之夜。农历正月十五是我国的传统节日——元宵节。自唐朝起，元宵节有观灯夜游的民间风俗。北宋时从农历正月十四到正月十六这三天，人们游逛灯街花市，通宵歌舞游乐，也是青年男女相见的好机会。

淡妆浓抹

【释义】指淡素和浓艳两种不同的妆饰。妆：妆饰；抹：涂抹。

《饮湖上初晴后雨二首（其二）》
（宋）苏轼

水光潋（liàn）滟（yàn）晴方好，山色空蒙雨亦奇。
欲把西湖比西子，淡妆浓抹总相宜。

【译文】晴天的西湖水波荡漾，在阳光的照耀下美极了。下雨时，远处的山笼罩在烟雨迷蒙之中，时隐时现。想要把西湖比作美人西施，无论是淡妆还是浓妆，都是那么端庄美丽。

游戏训练营

看图猜成语

根据图画猜一猜，分别是本单元的哪个成语呢？写一写。

连连线

把每个成语和相关联的人物连一连。

淡妆浓抹　·　　　·　曹植

对酒当歌　·　　　·　曹操

煮豆燃萁　·　　　·　西施

答案：　　答案：

成语大搜索　从下面的字里找出本单元的两个成语，写一写。

妆	煮	歌	人	约
昏	豆	风	酒	吹
抹	对	长	下	雨
草	莺	不	问	淡
当	浓	花	柳	萁

答案：

一起来找错

找到成语中错误的字标出来，把正确的写在括号里。

1. 煮豆燃箕
（　　）

2. 对酒当哥
（　　）

3. 淡装浓抹
（　　）

圆圈填空

在圆圈里填上不同的字，分别组成五个以"人"字开头的成语。

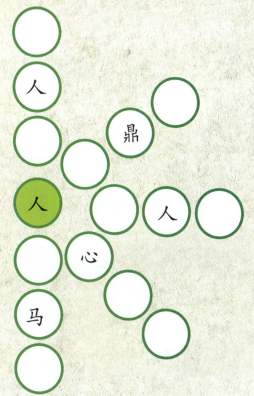

眼力大挑战

从每组字里找出一个成语，写一写。

① 水 煮 燃 豆 米 萁

② 碧 淡 抹 浓 发 妆

③ 昏 人 黄 绿 失 约

成语大迷宫

按照能组成成语的路线走一走，找到七步成诗的曹植吧！

入口↓

黄	对	萁		燃	人
约	人		约	黄	约
	浓	豆	对	昏	对
浓	妆	淡	酒	当	酒
抹	绿	歌	当	煮	

第二单元 颜色

桃红柳绿

【释义】桃花嫣红,柳枝碧绿。形容美丽多彩的春光。
【近义词】花红柳绿

《田园乐(其六)》
(唐)王维

桃红复含宿雨,柳绿更带朝烟。
花落家童未扫,莺啼山客犹眠。

【译文】桃花的花瓣上还带着昨夜的雨珠,雨后的柳树碧绿一片,笼罩在早晨的烟雾之中。被雨打落的花瓣落满庭院,家童还没有打扫。黄莺啼鸣,安逸的山客还在酣睡。

万紫千红

【释义】形容百花齐放,色彩艳丽,或景象繁荣兴旺。也比喻事物丰富多彩。
【近义词】姹紫嫣红 五彩缤纷
【含有"千"字的成语】千里迢迢 千辛万苦 千方百计 千载难逢 千钧一发 千军万马
【描写春天景象的成语】万紫千红 生机勃勃 春意盎然 鸟语花香 春暖花开 和风细雨

《春日》
(宋)朱熹(xī)

胜日寻芳泗水滨,无边光景一时新。
等闲识得东风面,万紫千红总是春。

【译文】风和日丽的日子,游春在泗水河边,无边无际的风光焕然一新。谁都可以认出春天的样子,到处都是万紫千红的春日景致。

绿肥红瘦

【释义】绿叶繁盛，花朵逐渐枯萎。形容暮春时节的景色。绿：指绿叶；红：指红花。
【近义词】绿暗红稀

《如梦令·昨夜雨疏风骤》
（宋）李清照

昨夜雨疏风骤（zhòu），浓睡不消残酒。
试问卷帘人，却道海棠依旧。
知否？知否？应是绿肥红瘦。

【译文】昨天夜里雨点稀疏，风却狂吹不停。我酣睡一夜，醒来之后依然觉得酒意没有消尽。于是就问正在卷帘的侍女外面的情况如何，她说海棠花依旧和昨天一样。你可知道？你可知道？这个时节应该是绿叶繁茂、红花凋零了。

绿叶成阴

【释义】绿色的树叶能遮地成荫。后比喻女子出嫁后生育子女。也作"绿叶成荫"。

《叹花·怅诗》
　　（唐）杜牧
自是寻春去校迟，
不须惆怅怨芳时。
狂风落尽深红色，
绿叶成阴子满枝。

【译文】只遗憾自己寻访春色去得太晚，以至于花已凋谢，不应该埋怨花开得太早。狂风吹落深红色的花瓣，只留下繁茂的绿叶和挂满枝头的果实。

青出于蓝

【释义】靛青是从蓼蓝里提炼出来的，但是颜色比蓼蓝更深。比喻人经过学习或教育之后可以得到提高。也比喻学生超过老师，后人超过前人。青：靛青，青色的颜料；蓝：蓼蓝，一种可以提炼颜料的草。

【近义词】后来居上　后生可畏
【反义词】一蟹不如一蟹

《劝学（节选）》
　　（战国）荀子
青，取之于蓝，而青于蓝；
冰，水为之，而寒于水。

【译文】靛青是从蓼蓝里提取的，然而却比蓼蓝的颜色更深；冰是水凝结而成的，然而却比水更寒冷。

游戏训练营

看图猜成语

根据图画猜一猜，分别是本单元的哪个成语呢？写一写。

连连线

把每个成语和所出自古诗词的作者连一连。

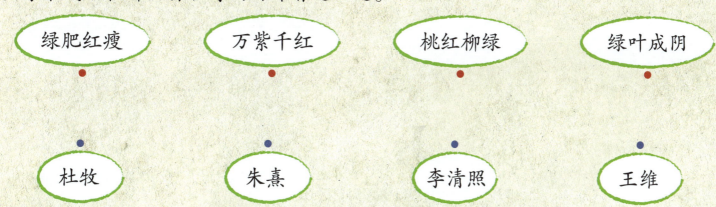

成语大搜索

从下面的字里找出本单元的两个成语，写一写。

叶	桃	暗	出	香	棕
蓝	花	紫	影	绿	土
黄	阴	青	灰	树	地
红	晴	白	柳	橙	二
最	黑	是	一	之	于

 ⬭　　　　⬭

连连线

把相关联的选项连线。

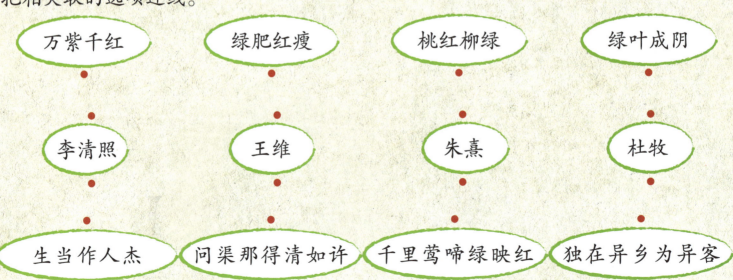

一起来找错

找到成语中错误的字标出来，把正确的写在括号里。

1. 万紫千虹　（　　）
2. 绿叶呈阴　（　　）
3. 青出于兰　（　　）

填一填

读句子，选出合适的成语填在括号里。

1. 我们在竞赛中取得了比上一届学生更好的成绩，老师说我们是（　　）。

A. 绿肥红瘦　B. 绿叶成阴　C. 青出于蓝

2. 夏天到了，园子里浓密的叶子挡住了骄阳，到处（　　）。

A. 万紫千红　B. 绿叶成阴　C. 桃红柳绿

成语填空

用表示颜色的字把成语补充完整。

唇（　）齿白　　面（　）耳赤　　花（　）柳绿　　灯（　）酒绿

姹紫嫣（　）　　万（　）千（　）　　惨（　）愁（　）　　（　）（　）不接

（　）（　）欲滴　　（　）水（　）山　　平步（　）云　　青（　）皂白

（　）梁美梦　　一枕（　）梁　　人约（　）昏　　明日（　）花

心如死（　）　　筚路（　）缕　　（　）头如新　　花花（　）（　）

螳螂捕蝉，（　）雀在后　　近朱者赤，近墨者（　）

第三单元 季节

满园春色

【释义】满园都是春天的景色。比喻欣欣向荣的景象。
【近义词】春意盎然 欣欣向荣
【反义词】满目疮痍

《游园不值》
（宋）叶绍翁

应怜屐齿印苍苔，小扣柴扉久不开。
春色满园关不住，一枝红杏出墙来。

【译文】也许是园主担心我的木屐踩坏他的青苔，轻轻地敲打柴门，久久没有人来开。可是这满园的春色毕竟是关不住的，你看，有一枝粉红色的杏花伸出墙头来。

寸草春晖

【释义】比喻儿女难以报答父母的恩情。寸草：指小草；春晖：春天的阳光，比喻父母的恩惠。

《游子吟》
（唐）孟郊

慈母手中线，游子身上衣。
临行密密缝，意恐迟迟归。
谁言寸草心，报得三春晖。

【译文】慈母用手中的针线为远行的儿子赶制身上的衣衫。临行前一针针密密地缝制，因为担心儿子回来得晚，衣服会有破损。有谁敢说子女像小草那样微弱的孝心，能够报答得了像春晖一样的慈母恩情呢？

春花秋月

【释义】春天的花，秋夜的月色。指春秋佳景或泛指美好的时光。
【近义词】秋月春风

《虞美人·春花秋月何时了》
（南唐）李煜

春花秋月何时了？往事知多少。小楼昨夜又东风，故国不堪回首月明中。
雕栏玉砌应犹在，只是朱颜改。问君能有几多愁？恰似一江春水向东流。

【译文】春花秋月的美好时光是什么时候结束的？以前的事情又记住了多少？昨夜小楼上又吹来了春风，在这皓月当空的夜晚，怎承受得了回忆故国的伤痛！精雕细刻的栏杆和玉石砌成的台阶应该还在，只是怀念的人已衰老。要问我心中有多少哀愁，就像这不尽的春江之水滚滚东流。

【古诗里的故事】
　　李煜（yù）是南唐最后一位君主，他通晓音律，能诗善词。
　　李煜刚登基后，过着安逸的生活，他把大量的精力放在研究诗词歌赋上，这个时期他创作的词多为描绘宫廷生活和爱情的。后来，宋太祖赵匡胤（yìn）派兵攻打南唐，把李煜带到汴（biàn）京，封其为违命侯；宋太宗即位后，封李煜为陇西郡公。虽然继续过着锦衣玉食的生活，但是亡国成为俘虏的耻辱却让李煜伤感绝望。在这期间，他写下了大量的词，多为感伤无力摆脱亡国命运的沉重哀愁。他在写下这首《虞美人·春花秋月何时了》后，宋太宗看到其中"故国不堪回首月明中"这句大发雷霆，命人毒死了李煜。

寒来暑往

【释义】寒冬到了，酷暑过去了。指四时更替。也泛指时光消逝。

《千字文（节选）》
天地玄黄，宇宙洪荒。
日月盈昃（zè），辰宿（xiù）列张。
寒来暑往，秋收冬藏。
闰余成岁，律吕调阳。
云腾致雨，露结为霜。

【译文】天是青黑色的，地是黄色的，宇宙形成于混沌的状态中。太阳正了又斜，月亮圆了又缺，星辰布满无边的太空。寒暑循环变换，来了又去，去了又来；秋天收割庄稼，冬天储藏粮食。积累数年的闰余并成一个月，放在闰年里；历法上用闰年闰月来调和阴阳，就像乐律上用律吕来调和节奏一样。云气上升遇冷就形成了雨，夜里露水遇冷就凝结成霜。

游戏训练营

看图猜成语

根据图画猜一猜，分别是本单元的哪个成语呢？写一写。

圆圈填空

在圆圈里填上不同的字，分别组成六个以"春"字开头的成语。

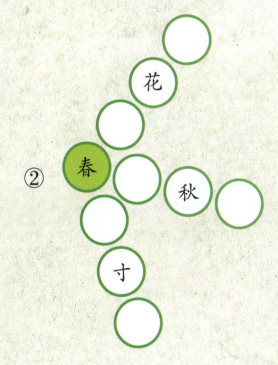

成语填空

用一对反义词把每个成语补充完整,写一写。

1.
( )呼( )拥
眼( )手( )
口( )心( )

2.
头( )脚( )
( )倨( )恭
同( )共( )

3.
( )材( )用
弄( )成( )
举足( )( )

连连线

把相关联的选项连线。

寸草春晖 · · 李煜 · · 夜深篱落一灯明

春花秋月 · · 孟郊 · · 春风得意马蹄疾

春色满园 · · 叶绍翁 · · 恰似一江春水向东流

眼力大挑战

从每组的字里找出一个成语，写一写。

① 园 春 花 满 秋 色

② 花 好 月 春 秋 夏

③ 来 往 寒 天 酷 暑

成语大迷宫

按照能组成成语的路线走一走，找到天空中的月亮吧！

入口↓

	不		秋	花	春
来	草	往	寒	暑	色
草	寸	来	寒	园	满
春	往	暑	月		园
晖		寸		花	春

第四单元 自然・植物

柳暗花明

【释义】本意指绿柳成荫、繁花似锦的景象。比喻经过一番曲折后,出现新的局面。
【近义词】峰回路转
【反义词】山穷水尽

《游山西村(节选)》
(宋)陆游

莫笑农家腊酒浑,
丰年留客足鸡豚。
山重水复疑无路,
柳暗花明又一村。

【译文】不要笑话农家腊月里酿的酒浑浊,他们在丰收年景里杀鸡宰猪,用丰盛的菜肴热情待客。一座座山、一道道水重重曲折。正担心无路可走时,忽然眼前柳树茂密、山花红艳,又出现了一个村庄。

草长莺飞

【释义】绿草茂盛，黄莺飞舞。形容江南春天的美好景色。

《村居》
（清）高鼎

草长莺飞二月天，
拂堤杨柳醉春烟。
儿童散学归来早，
忙趁东风放纸鸢。

【译文】农历二月时节，村子前后的青草发芽生长，黄莺飞来飞去。杨柳的枝条轻抚着堤岸，似乎沉醉在这烟雾蒸腾的春色里。孩子们早早就放学回家了，赶忙趁着东风放风筝。

暗香疏影

【释义】形容梅花的香气和姿态，也指代梅花。

《山园小梅（节选）》
（宋）林逋（bū）

众芳摇落独暄妍，占尽风情向小园。
疏影横斜水清浅，暗香浮动月黄昏。

【译文】百花落尽后只有梅花绽放，成为小园中最美丽的风景。梅枝在水面上映照出稀疏的倒影，淡淡的芳香在月下的黄昏中浮动飘散。

逃之夭夭

【释义】原为"桃之夭夭",形容艳丽盛开的桃花。后以"桃"与"逃"谐音,借作逃跑的说法。现指逃跑或溜走。
【近义词】溜之大吉
【反义词】插翅难飞
【与逃跑相关的成语】抱头鼠窜 落荒而逃 溜之大吉

《桃夭》

桃之夭夭,灼灼其华。
之子于归,宜其室家。
桃之夭夭,有蕡(fén)其实。
之子于归,宜其家室。
桃之夭夭,其叶蓁(zhēn)蓁。
之子于归,宜其家人。

【译文】开满花朵的小桃树啊,花儿开得鲜红如火。这位和善的姑娘嫁过门啊,和和美美回到夫家。开满花朵的小桃树啊,又大又多的桃子结满树枝。这位和善的姑娘嫁过门啊,早生贵子儿孙满堂。开满花朵的小桃树啊,叶子长得繁密茂盛。这位和善的姑娘嫁过门啊,一定会夫妻美满、兴旺发达。

【关于《诗经》】

　　《桃夭》是《诗经·国风·周南》里的一篇,是贺新婚歌,也是送新嫁娘的歌。在喜庆的日子里,大家簇拥着新娘向新郎家走去,一路唱道:"桃之夭夭,灼灼其华……"

　　用红灿灿的桃花比兴新娘的美丽容貌,也用红艳的颜色表现了婚礼上新娘娇羞的面容,娶到这样和善美丽的姑娘,一家子怎能不和顺美满呢!用果实累累的桃树比兴子嗣兴旺。用枝叶茂密的桃树比兴新娘子将使一家如枝叶层出,永远昌盛。

　　通篇以红灿灿的桃花、丰满的桃实、茂盛的桃叶来比兴新婚夫妇美好的青春,祝福他们的爱情像桃花般绚丽、桃树般长青。此诗运用重章迭句的手法,每章结构相同,只更换少数字句,这样反复咏赞,朗朗上口;优美的乐句与喜庆的氛围交融在一起,很好地渲染了新婚的喜庆气氛。

明日黄花

【释义】原指重阳节过后逐渐枯萎的菊花。今多比喻过时的事物。明日：这里指重阳节后；黄花：菊花。

《九日次韵王巩（节选）》
（宋）苏轼

闻道郎君闭东阁，
且容老子上南楼。
相逢不用忙归去，
明日黄花蝶也愁。

【译文】听说你以后将在东阁闭门不出，我将会去南方陪你喝一杯。现在我们难得相遇了，不要急着分开，不然明天蝴蝶也会因为黄色的菊花而悲伤。

【古诗里的节日】

　　农历九月初九是中国的传统节日——重阳节。因为《易经》中把"六"定为阴数，把"九"定为阳数，九月初九，两九相重，故而叫重阳，也叫重九。

　　庆祝重阳节的活动一般有登高远眺、观赏菊花、插戴茱萸、吃重阳糕、饮菊花酒等活动。

重阳节的传说

古时候,在一个小村子里住着一个小伙子,名字叫桓景。

有一年,村子里突然出现了一个瘟魔,很多人都相继染病死去。桓景下定决心去求仙学艺,为民除害。桓景寻遍了世间很多的名山,才打听到东南方的山中有一个叫费长房的神仙。他翻过了一座又一座的高山,游过了很多条大河,终于见到了费长房。费长房听桓景说明了来意,给了桓景一把青龙剑,开始教他降魔的武艺。

这一天,费长房把桓景叫到面前,对他说:"今年农历九月初九这天,瘟魔又会出来害人。我看你本领已经练得不错,赶紧回去为百姓除害吧。"他送了桓景一瓶由菊花酿造的酒和一包茱萸叶,嘱咐他先让乡亲们带着这两样东西登上高处避险,然后再消灭瘟魔。

到了农历九月初九这天,桓景带着全村百姓爬上了附近最高的一座山,他把茱萸叶分给大家,又把菊花酒拿出来,让每人都喝上一口。将这一切安排好后,他就带着青龙剑直奔村中。

中午时分,瘟魔爬上河岸,发现村民躲到了山上,便叫嚣着向山上冲去。它刚到山脚下,就闻到了茱萸叶和菊花酒的气味,立刻头晕眼花,吱吱呀呀地在原地打转。桓景手拿着青龙剑向山下冲去,和瘟魔展开了生死搏斗。很快,瘟魔就被桓景一剑刺死。

从此,村子里再也没有闹过瘟疫。因为除瘟魔的那一天是农历九月初九,人们在每年的这一天都要举行登高、喝菊花酒和插戴茱萸等活动,来纪念桓景。

火树银花

【释义】形容灯光和焰火绚丽灿烂。多指上元节晚上的灯市。火树:缀满彩灯而火红的树;银花:闪闪发光的银白色的花形灯盏。

【近义词】灯火辉煌

【反义词】暗淡无光

《正月十五夜》

(唐)苏味道

火树银花合,星桥铁锁开。
暗尘随马去,明月逐人来。
游伎皆秾(nóng)李,行歌尽落梅。
金吾不禁夜,玉漏莫相催。

【译文】到处都是灿烂绚丽的灯光和焰火,城门的铁锁也打开了。人潮汹涌,马蹄下尘土飞扬;月光洒遍每个角落,人们在何处都能看到明月当头。月光灯影下的歌女们花枝招展、浓妆艳抹,一面走一面高唱《梅花落》。金吾卫特许取消了夜里的宵禁,计时的玉漏不要着急,莫让这一年只有一次的夜晚匆匆过去。

注:农历正月十五是中国的传统节日——元宵节,古时也称上元节、元夕等。

游戏训练营

看图猜成语

根据图画猜一猜,分别是本单元的哪个成语呢?写一写。

眼力大挑战

从每组的字里找出一个成语,写一写。

① 树 花 好 火 圆 银

② 飞 草 木 长 莺 来

③ 明 暗 影 疏 气 香

连连线

把每个成语和相关诗句连线。

火树银花

明日黄花

鬓霜饶我三千

暗香浮动月黄昏

玉漏莫相催

忙趁东风放纸鸢

草长莺飞

暗香疏影

成语大搜索

从下面的字里找出本单元的三个成语,写一写。

长	明	水	莺	花	天
千	影	石	草	月	柳
天	香	日	浓	之	瘦
火	春	淡	抹	万	紫
黄	暗	逃	银	桃	飞

一起来找错

找到成语中错误的字标出来,把正确的写在括号里。

1. 柳暗花名
（　　　）
暗香疏景
（　　　）

2. 昨日黄花
（　　　）
逃之妖妖
（　　　）

成语填空

把带有"花"字的成语补充完整。

（　）暖花（　）　　（　）花（　）水　　（　）树（　）花

（　）（　）添花　　（　）花怒（　）　　（　）花（　）月

（　）花（　）玉　　（　）花一（　）　　柳（　）花（　）

花（　）月（　）　　（　）月（　）花　　（　）花（　）坠

（　）面（　）花　　（　）日（　）花　　花（　）巧（　）

第五单元

自然·现象

风吹雨打

【释义】指遭受狂风大雨的袭击。也比喻遭受摧残、挫折、磨难或遇到考验。
【近义词】风吹浪打
【含有"雨"字的成语】大雨倾盆　血雨腥风　风雨交加　风调雨顺　枪林弹雨
　　　　　　　　　　风雨同舟　风雨无阻　和风细雨　狂风暴雨　满城风雨
　　　　　　　　　　滂沱大雨　风雨飘摇　未雨绸缪

《三绝句（其一）》
（唐）杜甫

楸（qiū）树馨香倚钓矶（jī），斩新花蕊未应飞。
不如醉里风吹尽，可忍醒时雨打稀。

【译文】花儿芳香的楸树紧靠钓台生长，树上刚开的花蕊不应该很快就凋谢。不如在我醉眠不醒时让风把它全部吹掉，怎忍心在醒时看着它们被雨打得七零八落呢！

斜风细雨

【释义】形容春天烟雨迷蒙的景象。
【反义词】狂风暴雨

《渔歌子》
（唐）张志和

西塞山前白鹭飞，桃花流水鳜（guì）鱼肥。
青箬笠，绿蓑衣，斜风细雨不须归。

【译文】西塞山前，白鹭在自由地翱翔，江岸桃花盛开，水中的鳜鱼十分肥美。江岸上的渔翁头戴青色斗笠，身披绿色蓑衣，冒着斜风细雨，悠然自得地垂钓，连下雨了都不回家。

水落石出

【释义】水落下去，石头就露出来。原来形容冬天的自然景色。比喻到了一定时候，事情真相彻底暴露。

【近义词】真相大白 拨云见日

【反义词】匿影藏形

《后赤壁赋（节选）》
（宋）苏轼

江流有声，断岸千尺。
山高月小，水落石出。

【译文】长江的流水发出声响，陡峭的江岸高峻直耸。因为山峦很高，月亮也显得小了；水位降低后，礁石露了出来。

曲径通幽

【释义】弯转的小路通向幽静之所。比喻经过一番曲折后取得成功。曲：弯曲；幽：幽静的地方。

《题破山寺后禅院》
（唐）常建

清晨入古寺，初日照高林。
曲径通幽处，禅房花木深。
山光悦鸟性，潭影空人心。
万籁此都寂，但余钟磬音。

【译文】我在清晨走进这古寺，初升的太阳映照着山上的树林。竹林掩映着小路通向幽深处，禅房附近的花木繁密茂盛。山光明媚使飞鸟更加欢悦，潭水清澈也令人心境空灵。此时此刻，万物都沉默静寂，只留下了敲钟击磬的声音。

月落乌啼

【释义】形容天色快要明却又没明时的景象。

《枫桥夜泊》
（唐）张继

月落乌啼霜满天，江枫渔火对愁眠。
姑苏城外寒山寺，夜半钟声到客船。

【译文】月亮已经落下，江面漆黑一片。乌鸦啼叫，寒气满天。我对着江边枫树和船上的渔火忧愁而眠。半夜里，姑苏城外的寒山寺里敲钟的声音传到了客船上。

浮云蔽日

【释义】飘浮的云遮住了日光。比喻奸臣蒙蔽君主。也比喻坏人当道，社会黑暗。蔽：遮掩。
【近义词】豺狼当道　暗无天日
【含有"云"字的成语】九霄云外　腾云驾雾　壮志凌云　风云变幻　风起云涌
　　　　　　　　　　行云流水　风卷残云　过眼云烟　烟消云散

《登金陵凤凰台》
（唐）李白

凤凰台上凤凰游，凤去台空江自流。
吴宫花草埋幽径，晋代衣冠成古丘。
三山半落青天外，二水中分白鹭洲。
总为浮云能蔽日，长安不见使人愁。

【译文】曾经有凤凰鸟来到凤凰台上游憩，而今凤凰鸟已经飞走了，只留下这座空台，江水

仍东流不息。当年华丽的吴王宫殿及珍贵的花草，如今都已埋没在荒凉幽僻的小路中，晋代的达官显贵就算曾经有过辉煌的功业，如今也已长眠于土丘中。我站在台上，看着远处的三山，依然耸立在青天之外，白鹭洲把秦淮河隔成两条水道。天上的浮云随风飘荡，有时把太阳遮住，使我看不见长安城，不禁感到非常忧愁。

晓风残月

【释义】拂晓的凉风，天边的残月。形容清晨冷落凄凉的意境。常用来抒写离别之情，也代指词曲或婉约派诗词的风格。晓：拂晓。

《雨霖铃·寒蝉凄切》
（宋）柳永

寒蝉凄切，对长亭晚，骤雨初歇。都门帐饮无绪，留恋处，兰舟催发。执手相看泪眼，竟无语凝噎（yē）。念去去，千里烟波，暮霭（ǎi）沉沉楚天阔。

多情自古伤离别，更那堪，冷落清秋节！今宵酒醒何处？杨柳岸，**晓风残月**。此去经年，应是良辰好景虚设。便纵有千种风情，更与何人说？

【译文】傍晚时分，秋蝉的叫声凄凉而急促，面对着长亭，一阵急雨刚停。在京都郊外设帐饯行，却没有畅饮的心绪，正在依依不舍的时候，船上的人已催着出发。握着对方的手含着泪对视，哽咽得说不出话来。这一去路途遥远，千里烟波渺茫，傍晚的云雾笼罩着广阔的天空。自古以来，多情的人总是为离别而伤感，更何况是在这冷清的秋天！谁知我今夜酒醒时会身在何处？怕是只有在杨柳岸边，面对晨风和黎明的残月了。这一去长年相别，我料想即使遇到好天气、好风景，也如同虚设。即使有满腹的情意，又再同谁去诉说呢？

游戏训练营

看图猜成语

根据图画猜一猜，分别是本单元的哪个成语呢？写一写。

答案：　　　　　答案：　　　　　答案：

连连线

把相关联的选项连线。

月落乌啼　　　　　　　　　　　　　　　　常建

　　　　　曲径通幽处

万籁俱寂　　　　　　　　　　　　　　　　李白

　　　　　江枫渔火对愁眠

　　　　　长安不见使人愁

浮云蔽日　　　　　　　　　　　　　　　　张继

成语大搜索

从下面的字里找出本单元的三个成语，写一写。

草	风	寒	来	打	日
落	浮	落	月	石	雨
寸	吹	乌	云	籁	斜
暑	日	花	雨	寂	出
水	春	明	残	万	啼

一起来找错

找到成语中错误的字标出来，把正确的写在括号里。

1. 万籁具寂
（　　）

2. 小风残月
（　　）

3. 浮云闭日
（　　）

圆圈填空

在圆圈里填上不同的字，分别组成以"水"字和"月"字开头的成语。

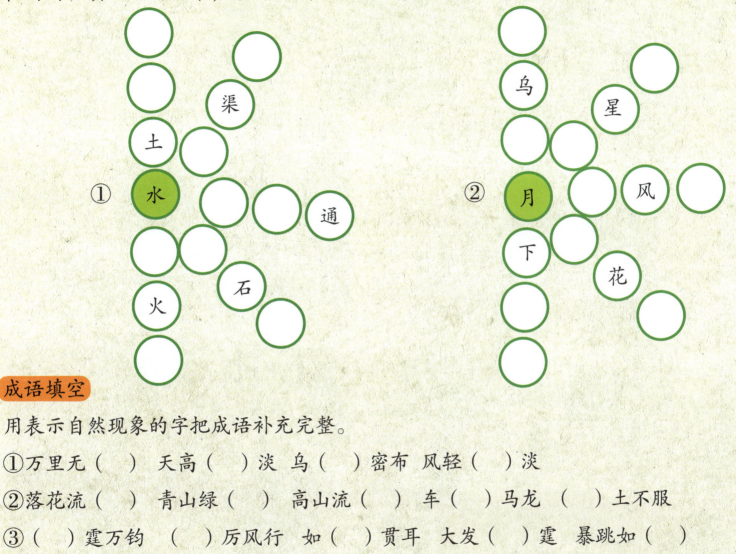

成语填空

用表示自然现象的字把成语补充完整。

①万里无（ ） 天高（ ）淡 乌（ ）密布 风轻（ ）淡

②落花流（ ） 青山绿（ ） 高山流（ ） 车（ ）马龙 （ ）土不服

③（ ）霆万钧 （ ）厉风行 如（ ）贯耳 大发（ ）霆 暴跳如（ ）

④大（ ）滂沱 未（ ）绸缪 挥汗如（ ） 风调（ ）顺 倾盆大（ ）

⑤乘（ ）破浪 春（ ）得意 （ ）雨飘摇 （ ）雨如晦

第六单元 情感

比翼连枝

【释义】比喻夫妻恩爱，形影不离。比翼：比翼鸟，传说比翼鸟一目一翼，雌鸟和雄鸟合并在一起才能飞；连枝：连理枝，根不同而枝连生在一起的树木。
【近义词】比翼双飞
【反义词】劳燕分飞

《长恨歌（节选）》
（唐）白居易

在天愿作比翼鸟，在地愿为连理枝。
天长地久有时尽，此恨绵绵无绝期。

【译文】在天愿为比翼鸟，在地愿为连理枝。即使是天长地久也总会有尽头，但这生死遗恨却永远没有尽期。

红豆相思

【释义】比喻男女之间的相思之情。红豆：又叫相思豆，古人常用以象征爱情。

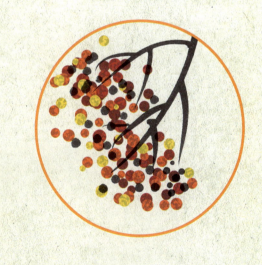

《相思》
（唐）王维

红豆生南国，春来发几枝。
愿君多采撷（xié），此物最相思。

【译文】红豆树生长在南国的土地上，每逢春天不知长出多少新枝。希望你能尽情地采摘它们，因为红豆最能寄托相思之情。

青梅竹马

【释义】形容两个孩子天真无邪,一起游戏。指男女幼年间的亲密情谊。
【近义词】两小无猜
【古诗里的另一个成语】两小无猜:指幼年男女天真无邪,融洽相处。

《长干行(节选)》
(唐)李白

妾发初覆额,折花门前剧。
郎骑竹马来,绕床弄青梅。
同居长干里,两小无嫌猜。

【译文】我的头发刚刚盖过额头时,便同你一起在门前做折花的游戏。你骑着竹马过来,我们一起绕着井栏玩互掷青梅的游戏。我们同在长干里居住,两个人从小感情就很好,互相没什么猜忌。

曾经沧海

【释义】比喻人见过大世面,眼界很高。
【近义词】饱经沧桑 见多识广
【反义词】少不更事 坐井观天

《离思五首(其四)》
(唐)元稹(zhěn)

曾经沧海难为水,除却巫山不是云。
取次花丛懒回顾,半缘修道半缘君。

【译文】曾经到过沧海,再看到别处的水就很难称得上是水;除了巫山的云,别处的云便不能称其为云。仓促地由花丛中走过,懒得回头去看,一半是因为修道的原因,一半是因为你。

【古诗里的故事】
　　元稹生于官宦世家,他做监察御史时,相濡以沫的妻子韦丛去世了。
　　韦丛出身名门之家,温柔贤淑,精通琴棋书画,嫁给元稹之后把家务料理得井井有条,夫妻感情很好。元稹因婚后一直忙于公务,无暇陪伴妻子照顾家里,所以对于妻子的逝去怀有很深的内疚之情。
　　此组诗为元稹悼念亡妻韦丛之作。

碧海青天

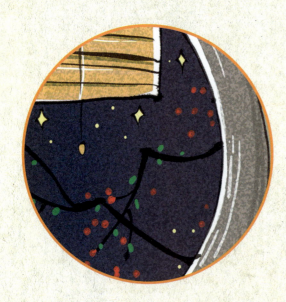

【释义】碧绿的海,蓝色的天。形容水天一色,旷远无边。

《嫦娥》
(唐)李商隐

云母屏风烛影深,长河渐落晓星沉。
嫦娥应悔偷灵药,碧海青天夜夜心。

【译文】透过装饰着云母的屏风,看到烛影渐渐暗淡下去,银河渐渐沉没,晨星渐渐消失。嫦娥一定会后悔偷吃了灵药吧,现在只有那碧海青天夜夜陪伴着她孤独的心。

【古诗里的故事】

上古时代,十个太阳同时出现在天空,一同炙烤着大地。一个叫后羿的勇士开弓射去九个太阳,只留下一个太阳,让它在早晨时升起,黄昏时落下。大地逐渐恢复了生机,老百姓得以安居乐业。

后羿与一个叫嫦娥的女子成了家,还收了不少慕名而来的徒弟。

后来,王母娘娘赐给后羿一包神药,服用之后可以长生不老、升天为仙。

有一天,后羿带领徒弟们出去打猎。嫦娥偷偷拿出了那包神药,吞了下去。很快,嫦娥的身体就变轻了,逐渐向天上飘了过去,成为月宫的仙女。

悲欢离合

【释义】悲伤和欢乐，别离和团聚。泛指人生的各种遭遇和各种心情。
【近义词】喜怒哀乐

《水调歌头·丙辰中秋兼怀子由》
（宋）苏轼

明月几时有？把酒问青天。不知天上宫阙，今夕是何年。我欲乘风归去，又恐琼楼玉宇，高处不胜寒。起舞弄清影，何似在人间？

转朱阁，低绮户，照无眠。不应有恨，何事长向别时圆？人有悲欢离合，月有阴晴圆缺，此事古难全。但愿人长久，千里共婵娟。

【译文】明月从什么时候才开始出现的？我端起酒杯遥问青天。不知道在天上的宫殿里，今天晚上是何年？我想要乘着清风到天上，又恐怕站在美玉砌成的楼宇上，受不住高处的寒冷。嫦娥在清冷的月宫里起舞，只有影子陪着她，哪里比得上人间？月儿转过朱红色的楼阁，低低地挂在窗户上，照着没有睡意的人。明月不该对人们有什么怨恨吧，为什么偏在人们离别时才圆呢？人有悲欢离合的变迁，月有阴晴圆缺的转换，这种事自古难以周全。希望人们可以长久地在一起，即便相隔千里，也能共享这美好的月光。

游戏训练营

看图猜成语

根据图画猜一猜，分别是本单元的哪个成语呢？写一写。

连连线

把相关联的选项连线。

①

比翼连枝　　　　　春来发几枝　　　　　王维

红豆相思　　　　　在地愿为连理枝　　　李白

青梅竹马　　　　　两小无嫌猜　　　　　白居易

②

悲欢离合 •　　• 李商隐 •　　• 不识庐山真面目

曾经沧海 •　　• 苏轼 •　　• 相见时难别亦难

碧海青天 •　　• 元稹 •　　• 此花开尽更无花

成语大迷宫

按照能组成成语的路线走一走，找到红豆树吧！

入口 ↓

青		竹		梅	红
	海	马	天	相	豆
海	碧	马	离	思	小
青	枝	竹	梅	青	相
天	连	翼		梅	

一起来找错

找到成语中错误的字标出来,把正确的写在括号里。

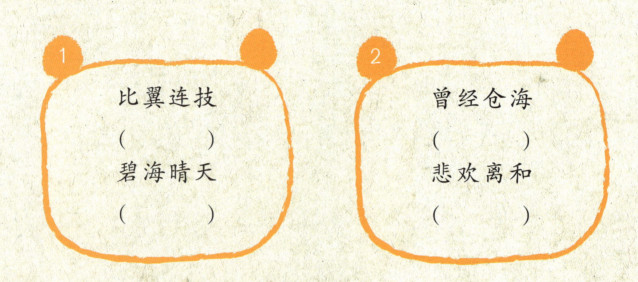

1. 比翼连技
（　　）
碧海晴天
（　　）

2. 曾经仓海
（　　）
悲欢离和
（　　）

填一填

读句子,选出合适的成语填在括号里。

1. 人的一生中要经历很多的（　　）。
A. 青梅竹马　B. 比翼连枝　C. 悲欢离合

2. 爸爸和妈妈从小就在一个村子长大,是（　　）。
A. 青梅竹马　B. 红豆相思　C. 碧海青天

眼力大挑战

从每组的字里找出一个成语,写一写。

① 思 红 瘦 煮 豆 相

② 枝 叶 翼 绿 比 连

③ 合 欢 离 乡 苦 悲

④ 天 海 色 青 水 碧

第七单元 动物

劳燕分飞

【释义】伯劳鸟和燕子分别朝不同的方向飞去,比喻别离(多用于夫妻)。"劳燕"代指伯劳鸟和燕子两种鸟类,"劳"是伯劳鸟的简称。
【近义词】鸾凤分飞　破镜分钗
【反义词】鸾凤和鸣

《古辞东飞伯劳歌(节选)》
东飞伯劳西飞燕,黄姑织女时相见。
谁家女儿对门居,开颜发艳照里闾。

【译文】伯劳鸟东飞燕子西去,牛郎和织女时而相见。对门居住的是谁家的女儿呀?那张笑脸和乌亮的头发照亮了整个儿乡里。
注:"黄姑"是河鼓的转音,即牵牛星,这里指牛郎。

蜻蜓点水

【释义】蜻蜓在水面飞行,用尾部轻触水面飞过。比喻浮浅地接触,浮皮潦草,很不深入地做事。
【近义词】浅尝辄止　走马观花　敷衍了事
【反义词】入木三分　寻根究底　精益求精

《曲江(其二)》
(唐)杜甫

朝回日日典春衣,每日江头尽醉归。
酒债寻常行处有,人生七十古来稀。
穿花蛱蝶深深见,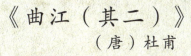款款飞。
传语风光共流转,暂时相赏莫相违。

【译文】上朝归来后,每天都要典当春天的衣物换来钱财去买酒,到曲江边举杯畅饮,尽醉而归。处处欠有酒债,那也是寻常小事吧。人生能活到七十岁,自古以来就不多。蝴蝶在花丛中穿行,时隐时现;蜻蜓缓缓飞动,时而轻触水面。我要传话给春光,让我与春光一起度过。虽是暂时的欣赏,也不要错过呀!

走马观花

【释义】骑在奔跑的马上看花。比喻匆忙地不深入细致地观察事物。走:跑。
【近义词】浅尝辄止 蜻蜓点水 浮光掠影
【反义词】入木三分
【与仕途相关的成语】平步青云 扶摇直上 春风得意

《登科后》
(唐)孟郊

昔日龌(wò)龊(chuò)不足夸,
今朝放荡思无涯。
春风得意马蹄疾,
一日看尽长安花。

【译文】以往的困顿与局促不值一提,今朝金榜题名,郁结的闷气已风吹云散,令人神采飞扬。策马奔驰于长安道上,一天就已把长安的繁花看完了。

【古诗里的故事】
　　唐朝实行科举考试制度,考中进士称为及第,经吏部复试选中后授予官职称为登科。
　　唐朝诗人孟郊年轻时多次进京赶考都落榜了,从此隐居深山,过着清贫闲淡的生活。后来在母亲的鼓励下,他第三次进京赶考,在四十六岁时考取了进士。
　　按照惯例,新科仕子们在发榜之后都要到曲江参加杏花宴。孟郊穿上崭新的衣服,骑着高头大马,到城南曲江赴宴。一路上,侍卫鸣锣开道,百姓都到街头看热闹,孟郊骑在马上意气风发。曲江杏园繁花盛开,孟郊与其他新科仕子一起喝酒吟诗,想到自己从此可以平步青云、大展宏图,孟郊喜不自胜,题下了这首诗。

车水马龙

【释义】车辆像流水,马连成游龙。形容车马往来不绝,非常热闹繁华。
【近义词】络绎不绝

《望江南·多少恨》
(南唐)李煜

多少恨,昨夜梦魂中。还似旧时游上苑,车如流水马如龙。花月正春风。

【译文】不知道有多少愁恨啊,都在昨夜的梦魂中。梦里的情景,好像从前在上苑游乐一样,车马交织,络绎不绝。明亮的月光下,春风拂面,繁花似锦!

游戏训练营

看图猜成语

根据图画猜一猜,分别是本单元的哪个成语呢?写一写。

连连线

把相关联的选项连线。

车水马龙 ●　　　● 一日看尽长安花 ●　　　● 杜甫

走马观花 ●　　　● 凤笙休向泪时吹 ●　　　● 李煜

蜻蜓点水 ●　　　● 人生七十古来稀 ●　　　● 孟郊

成语大搜索

从下面的字里找出本单元的三个成语,写一写。

劳	红	马	悲	地	思
梅	车	豆	天	龙	念
走	经	沧	分	青	相
飞	观	花	马	欢	海
蜻	青	燕	蜓	花	水

眼力大挑战

从每组的字里找出一个成语,写一写。

① 飞 燕 舞 劳 道 分

② 挥 水 叶 龙 马 车

填一填

读句子,选出合适的成语填在括号里。

1. 老师说我们读书不能( ),一定要认真。
   A. 劳燕分飞 B. 车水马龙 C. 走马观花

2. 春节的街道上( ),非常热闹。
   A. 劳燕分飞 B. 车水马龙 C. 蜻蜓点水

成语填空

用动物名称把成语补充完整。

（　）假（　）威　　画（　）添足　　（　）鸣（　）盗　　（　）犬升天

走（　）观花　　贼眉（　）眼　　（　）立（　）群　　胆小如（　）

兵荒（　）乱　　引（　）入室　　车水（　）（　）　　井底之（　）

亡（　）补牢　　九（　）一毛　　门可罗（　）　　鸦（　）无声

与（　）谋皮　　天（　）行空　　为（　）作伥　　盲人摸（　）

指（　）为（　）　　对（　）弹琴　　（　）丝（　）迹　　惊弓之（　）

悬崖勒（　）　　（　）（　）为奸　　（　）心（　）肺　　青梅竹（　）

千军万（　）　　飞（　）扑火　　三天打（　），两天晒网

圆圈填空

在圆圈里填上不同的字，分别组成五个以"花"字结尾的成语。

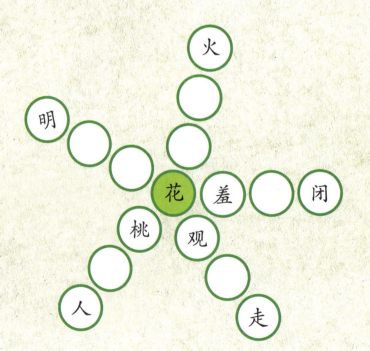

第八单元 人

不拘一格

【释义】不局限于一种格式。拘：拘泥；格：格局，规格。
【近义词】兼收并蓄
【反义词】千篇一律

《己亥杂诗（其二百二十）》
（清）龚自珍

九州生气恃风雷，万马齐喑究可哀。
我劝天公重抖擞，不拘一格降人才。

【译文】只有狂雷炸响般的巨大力量才能使中国大地焕发出勃勃生机，社会政局毫无生气终究是一种悲哀。我奉劝上天要重新振作精神，不要拘泥于固有的规格以降下更多的人才。

飞扬跋扈

【释义】原指举止放荡高傲，不受约束。现形容骄横放纵。飞扬：放纵；跋扈：蛮横，霸道。
【近义词】专横跋扈 盛气凌人

《赠李白》
（唐）杜甫

秋来相顾尚飘蓬，未就丹砂愧葛洪。
痛饮狂歌空度日，飞扬跋扈（hù）为谁雄？

【译文】秋天离别时两相顾盼，像飞蓬一样到处飘荡。每天痛快地饮酒狂歌消磨日子，没有去求仙，真愧对西晋那位炼丹的葛洪。像您这样意气豪迈的人，又有谁来欣赏您的勃勃雄心呢？

豆蔻年华

【释义】豆蔻开花的时期。指女子十三四岁的年纪。豆蔻：植物名。
【近义词】破瓜之年
【反义词】桑榆暮景　风烛残年

《赠别二首（其一）》
（唐）杜牧

娉（pīng）娉袅（niǎo）袅十三余，豆蔻梢头二月初。
春风十里扬州路，卷上珠帘总不如。

【译文】十三岁的少女姿态美好举止轻盈，就像二月里含苞待放的豆蔻花。看遍扬州城十里长街上卷起珠帘的佳人，都不如这位少女美丽动人。

窈（yǎo）窕（tiǎo）淑女

【释义】美丽而贤淑的女子。窈窕：娴静而美好的样子。

《诗经·周南·关雎（jū）》

关关雎鸠，在河之洲。窈窕淑女，君子好逑。
参差荇（xìng）菜，左右流之。窈窕淑女，寤（wù）寐求之。
求之不得，寤寐思服。悠哉悠哉，辗转反侧。
参差荇菜，左右采之。窈窕淑女，琴瑟友之。
参差荇菜，左右芼（mào）之。窈窕淑女，钟鼓乐之。

【译文】关关和鸣的雎鸠，相伴在河中的小洲上。那美丽贤淑的女子，是君子喜欢的好配偶。参差不齐的荇菜，时而向左时而向右地择取。那美丽贤淑的女子，让人从梦中醒来都想追求她。美好的愿望难以实现，白天黑夜总思念她。想来想去思念不断，叫人翻来覆去难以入睡。参差不齐的荇菜，时而向左时而向右地采摘。那美丽贤淑的女子，令人想奏起琴瑟来亲近她。参差不齐的荇菜，时而向左时而向右地去拔。那美丽贤淑的女子，令人想敲起钟鼓来取悦她。

一片冰心

【释义】比喻恬然淡泊,不热衷于功名。也比喻心地纯洁。冰心:清澈、纯洁的心。
【近义词】一片丹心　冰清玉洁

《芙蓉楼送辛渐》
（唐）王昌龄

寒雨连江夜入吴,平明送客楚山孤。
洛阳亲友如相问,一片冰心在玉壶。

【译文】冷雨洒满江的夜晚,我来到吴地,天明送走好友后,只看到楚山的孤影。到了洛阳,如果有亲友向您打听我的情况,就请转告他们,我的心依然像玉壶里的冰一样纯洁。

国色天香

【释义】原指牡丹花的花香花色不凡。后多形容女子容貌的美丽。国色:冠绝全国的美色;天香:天然的香气。
【近义词】天姿国色　倾国倾城
【反义词】其貌不扬

《牡丹诗》
（唐）李正封

国色朝酣（hān）酒,天香夜染衣。
丹景春醉容,明月问归期。

【译文】白天时牡丹花美丽的颜色如美人醉酒,夜晚时牡丹花浓郁的花香浸满衣衫。一轮红日将整个春色映照得如醉了一样,皎洁的明月升起,好似在问我何时回家。

人面桃花

【释义】指所爱慕而不能再相见的女子，多用于无缘再见的伤感意境中。
【近义词】人去楼空
【形容男子外貌的成语】风度翩翩　衣冠楚楚
【形容女子外貌的成语】珠圆玉润　明眸皓齿　千娇百媚

《题都城南庄》
（唐）崔护

去年今日此门中，人面桃花相映红。
人面不知何处去，桃花依旧笑春风。

【译文】去年春天，就在这扇门里，姑娘的脸庞与鲜艳的桃花互相映照。今日再来此地，姑娘不知去向何处，只有桃花依旧含笑怒放在春风之中。

【古诗里的故事】
　　相传，唐朝诗人崔护进京赶考，结果名落孙山。由于回家路途遥远，他便在京城附近住下，准备明年再考。
　　清明节这一天，崔护前往长安南郊踏青。走着走着，来到了一户农庄，房舍掩映在桃花树中。崔护因口渴敲门讨水，有一个美丽的少女开门送水，只见那姑娘面若桃花，见到崔护害羞地低下了头。第二年清明时节，崔护重游旧地，桃花依然盛开，而房舍的门却锁着。崔护十分惆怅，提笔在门上写下《题都城南庄》这首诗。

粉身碎骨

【释义】身体被碎成粉末。指丧失生命，也指为某种目的而献身。
【近义词】肝脑涂地

《石灰吟》
（明）于谦

千锤万凿出深山，
烈火焚烧若等闲。
粉骨碎身浑不怕，
要留清白在人间。

【译文】只有经过千万次锤打开凿才能从深山里开采出来，它把被烈火焚烧当作很平常的事。即使粉身碎骨也毫不惧怕，甘愿把一身清白留在人世间。

【古诗里的故事】
　　明英宗时，于谦做了管理军事的大臣。一个叫瓦剌的北方民族经常到边境上烧杀抢夺，无恶不作。
　　明英宗不听大臣们的劝阻，亲自带兵到边境想要打退瓦剌人，结果因为轻敌导致被俘。
　　于谦跟其他大臣商议后，立明英宗的弟弟为新的皇帝，并做好迎战瓦剌的准备。瓦剌人押着明英宗做人质，想要占领明朝都城，结果被有所准备的明朝军队打得落花流水。过了不久，瓦剌人就放了已经没有用处的明英宗。
　　明英宗回来后，通过政变重新当上了皇帝，他对于谦立新皇帝的事怀恨在心，很快就下令杀了于谦。

温故知新

【释义】温习旧的知识,可以得到新的认识和体会。也指重温历史,可以认识现在。

《论语·为政(节选)》
（春秋）孔子

子曰:"温故而知新,可以为师矣。"

【译文】温习已知的旧知识,从中能领悟到新的东西,凭借这一点可以做老师了。

【关于《论语》】
　　《论语》是孔子及其弟子的语录集,由孔子的弟子及再传弟子编写而成,至战国前期成书。全书共20篇492章,以语录体为主,叙事体为辅,主要记录孔子及其弟子的言行。
　　此书是儒家学派的经典著作之一,与《大学》《中庸》《孟子》并称"四书",再加上《诗经》《尚书》《礼记》《周易》《春秋》,总称"四书五经"。

【《论语》里的名句】
1. 学而时习之,不亦说乎?有朋自远方来,不亦乐乎?人不知而不愠,不亦君子乎?
【译文】学习之后能经常实践所学的知识,不也很令人愉悦吗!有志同道合的人从远方来，不也是件快乐的事吗！自己的才学德行不被人知道也不怨恨，这不正是君子应该恪守的修养吗！

2. 知之为知之，不知为不知，是知也。

【译文】知道就是知道，不知道就是不知道，这就是真知啊。

3. 学而不思则罔，思而不学则殆。

【译文】只读书却不思考，会感到迷惑而无所得；只是空想却不认真学习，就会弄得精神疲倦而无所得。

4. 吾十有五而志于学，三十而立，四十而不惑，五十而知天命，六十而耳顺，七十而从心所欲，不逾矩。

【译文】我十五岁时开始立志学习，三十岁时能立足社会，四十岁时能通情达理、遇事不再疑惑，五十岁时懂得了天命的道理，六十岁能听得进不同的意见，到了七十岁时已经能随心所欲又不超出规矩。

5. 三人行，必有我师焉；择其善者而从之，其不善者而改之。

【译文】几个人一起走路，其中必定有人可以做我的老师。我选择他的优点向他学习，看到他的缺点就作为借鉴，改掉自己的缺点。

6. 子贡问曰："有一言而可以终身行之者乎？"子曰："其恕乎！己所不欲，勿施于人。"

【译文】子贡问道："有没有一个字可以终身奉行？"
孔子说："那大概是'恕'吧！自己不愿意的事情，不要施加给别人。"

7. 工欲善其事，必先利其器。

【译文】要做好工作，先要使工具锋利。

游戏训练营

看图猜成语

根据图画猜一猜,分别是本单元的哪个成语呢?写一写。

1. 答案：_____
2. 答案：_____
3. 答案：_____

连连线

把相关联的选项连线。

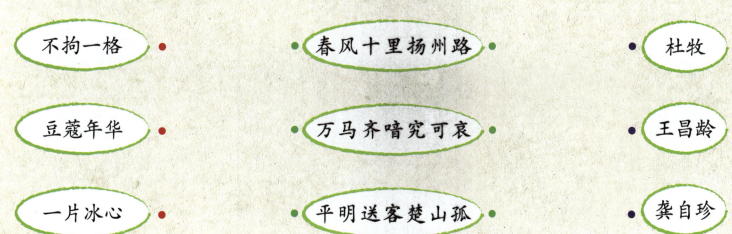

不拘一格　　　　春风十里扬州路　　　　杜牧

豆蔻年华　　　　万马齐喑究可哀　　　　王昌龄

一片冰心　　　　平明送客楚山孤　　　　龚自珍

成语填空

用植物名称把成语补充完整。

斩（　）除根	（　）菅人命	打（　）惊蛇	世外（　）源
面若（　）花	投（　）报（　）	（　）红（　）绿	青（　）竹马
望（　）止渴	移（　）接（　）	出水（　）（　）	（　）好月圆
（　）暗（　）明	百步穿（　）	（　）落归根	火（　）银（　）
（　）大招风	势如破（　）	胸有成（　）	雨后春（　）
指（　）骂（　）	顺（　）摸（　）	（　）（　）一现	拔（　）助长
（　）断丝连	如火如（　）	（　）水相逢	青（　）岁月

一起来找错

找到成语中错误的字标出来，把正确的写在括号里。

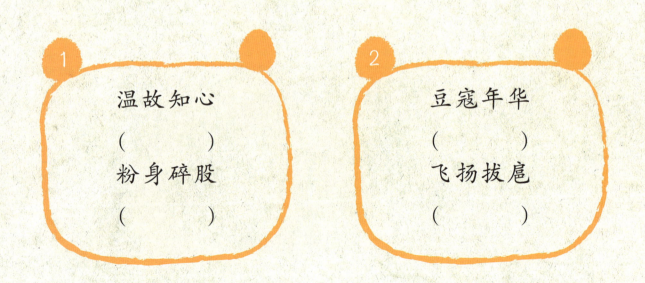

1. 温故知心
（　　）
粉身碎股
（　　）

2. 豆寇年华
（　　）
飞扬拔扈
（　　）

圆圈填空

在圆圈里填上不同的字,分别组成以"不"字开头的成语。

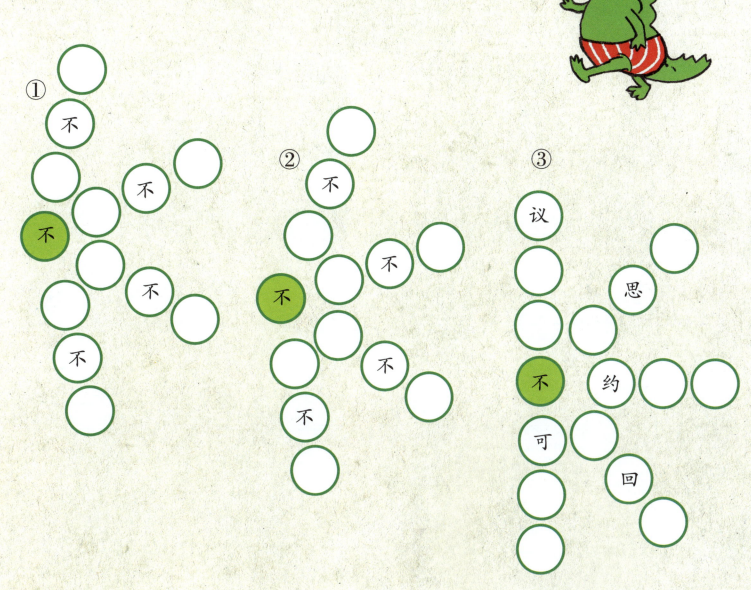

成语大迷宫

按照能组成成语的路线走一走,找到虚心求教的孔子吧!

入口 ↓

	心	桃	面		人
一	天		花	桃	面
片	色	国	结	花	开
一	拘		身	粉	果
格	不	骨	碎	骨	

眼力大挑战

从每组的字里找出一个成语,写一写。

① 一 不 口 拘 入 格

② 心 一 雪 片 薄 冰

③ 香 气 国 破 色 天

④ 骨 身 傲 粉 妆 碎

第九单元　关于时间

春宵一刻

【释义】指欢乐难忘的美好时光。现在也指时间宝贵，值得珍惜。

《春宵》
（宋）苏轼

春宵一刻值千金，
花有清香月有阴。
歌管楼台声细细，
秋千院落夜沉沉。

【译文】春天的夜晚，即便是极短的时间也十分珍贵。花儿散发着清香，在月光下投射出影子。楼台深处，轻轻的歌声和管乐声不时地传出。夜已经很深了，挂着秋千的庭院已是一片寂静。

蹉跎岁月

【释义】形容虚度光阴。蹉跎：光阴白白地过去。
【近义词】虚度年华　马齿徒增
【反义词】争分夺秒　只争朝夕

《送魏万之京》
（唐）李颀（qí）

朝闻游子唱离歌，昨夜微霜初渡河。
鸿雁不堪愁里听，云山况是客中过。
关城树色催寒近，御苑砧声向晚多。
莫见长安行乐处，空令岁月易蹉跎。

【译文】清晨听到游子高唱离别之歌，在昨夜薄霜中刚刚渡过黄河。怀愁之人最怕听到鸿雁哀鸣，何况是与故乡远隔千山万水的异乡客。潼关早晨的寒气越来越重，京城深秋时的捣衣声越到傍晚越多。请不要以为长安是行乐处，以免把宝贵时光白白消磨。

光阴似箭

【释义】形容时间过得很快。
【近义词】日月如梭 白驹过隙
【反义词】度日如年

《关河道中》
（唐）韦庄

槐陌蝉声柳市风，驿楼高倚夕阳东。
往来千里路长在，聚散十年人不同。
但见时光流似箭，岂知天道曲如弓。
平生志业匡尧舜，又拟沧浪学钓翁。

【译文】田间槐树上的蝉鸣叫着，柳条轻摆引起了阵阵清风，驿站的高楼向东倚靠着夕阳。来来往往几千里的路依然在那里，但当年的故人聚了又散，十年间已经都不在身边。世人只看到时间如箭般流逝，哪知道连天道的运行轨迹都像弓一样弯曲，不会一帆风顺。今生的志向既想辅助像尧帝和舜帝那样贤明的君主，又想要效仿沧浪水边的钓鱼翁，过着逍遥的生活。

朝朝暮暮

【释义】每天的早晨和黄昏，指日日夜夜。
【近义词】日日夜夜

《鹊桥仙·纤云弄巧》
（宋）秦观

纤云弄巧，飞星传恨，银汉迢迢暗度。金风玉露一相逢，便胜却人间无数。
柔情似水，佳期如梦，忍顾鹊桥归路。两情若是久长时，又岂在朝朝暮暮。

【译文】纤薄的云彩在天空变幻多端，飞驰的流星传递着相思的愁怨。牛郎和织女隔着银河悄然无言。秋风白露中的相会虽然短暂，却胜过人间无数寻常的日子。柔情像流水般绵绵不断，相会如梦般虚幻，鹊桥上怎忍心把归路回看。两颗心只要永远相爱不变，又何必要每天都相守呢。

游戏训练营

看图猜成语

根据图画猜一猜,这是本单元的哪个成语呢?写一写。

答案：

成语大搜索

从下面的字里找出本单元的两个成语,写一写。

格	不	拘	朝	天	箭
光	春	年	华	车	水
蹉	冰	心	阴	飞	暮
国	跎	色	宵	扬	淑
朝	似	刻	暮	跛	女

答案：

圆圈填空

在圆圈里填上不同的字,分别组成五个以"春"字开头的成语。

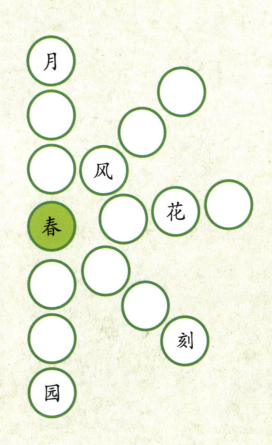

填一填

读句子,选出合适的成语填在括号里。

1. 时间是最宝贵的财富,我们不能(   )。
A. 一片冰心   B. 光阴似箭   C. 蹉跎岁月

2. 时光一去不复返,我们常说(   )。
A. 朝朝暮暮   B. 光阴似箭   C. 春宵一刻

一起来找错

找到成语中错误的字标出来，把正确的写在括号里。

1. 春霄一刻
（　　　）
蹉驼岁月
（　　　）

2. 光阴似剑
（　　　）
朝朝幕幕
（　　　）

成语填空

用叠词把成语补充完整。

鬼鬼（　）（　）　　（　）（　）吐吐　　花花（　）（　）　　浑浑（　）（　）

（　）（　）烈烈　　（　）（　）户户　　（　）（　）业业　　（　）（　）麻麻

袅袅（　）（　）　　（　）（　）捏捏　　（　）（　）总总　　三三（　）（　）

郁郁（　）（　）　　（　）（　）攘攘　　（　）（　）洒洒　　（　）（　）拉拉

（　）（　）哈哈　　（　）（　）碌碌　　风风（　）（　）　　（　）（　）火火

（　）（　）夜夜　　（　）（　）正正　　（　）（　）世世　　昏昏（　）（　）

（　）（　）声声　　跟跟（　）（　）　　婆婆（　）（　）　　唯唯（　）（　）

形形（　）（　）　　（　）（　）兢兢　　（　）（　）吾吾　　影影（　）（　）

眼力大挑战

从每组的字里找出一个成语，写一写。

① 刻 春 三 宵 分 一

② 月 圆 岁 跎 花 蹉

③ 箭 双 阴 似 雕 光

④ 暮 日 朝 穷 暮 朝

第十单元 境况

天上人间

【释义】一个在天上,另一个在人间。指环境、遭遇等相差很远。
【近义词】天壤之别
【反义词】不相上下

《浪淘沙令·帘外雨潺(chán)潺》
(南唐)李煜

帘外雨潺潺,春意阑珊,罗衾(qīn)不耐五更寒。梦里不知身是客,一晌(shǎng)贪欢。
独自莫凭栏,无限江山,别时容易见时难。流水落花春去也,**天上人间**。

【译文】门帘外传来雨声潺潺,浓郁的春意又要凋残,罗织的锦被受不住五更时的寒冷。只有在梦中才能忘掉自身是羁旅之客,享受片刻的愉悦。不该独自一人倚靠栏杆遥望远方,引起对故国的无限伤感。离开故土容易,想要再见到它就难了。过去的日子像流水落花一样跟着春天远去,今昔对比,一是天上一是人间。

《长恨歌(节选)》
(唐)白居易

但教心似金钿坚,**天上人间**会相见。
临别殷勤重寄词,词中有誓两心知。
七月七日长生殿,夜半无人私语时。
在天愿作比翼鸟,在地愿为连理枝。
天长地久有时尽,此恨绵绵无绝期。

【译文】但愿我们相爱的心,就像黄金宝钿(diàn)一样忠贞坚硬,天上人间总有机会再见。临别时殷勤地托使者寄语君王表情思,寄语中的誓言只有君王与我知道。当年七月七日长生殿中,夜半无人,我们共起山盟海誓:在天愿为比翼鸟,在地愿为连理枝。即使是天长地久也总会有尽头,但这生死遗恨却永远没有尽期。

卷土重来

【释义】形容失败后集中所有力量又猛扑过来。
【近义词】东山再起　死灰复燃　重整旗鼓
【反义词】偃旗息鼓　销声匿迹　一蹶不振

《题乌江亭》
　　　（唐）杜牧
胜败兵家事不期，
包羞忍耻是男儿。
江东子弟多才俊，
卷土重来未可知。

【译文】胜败乃是兵家常事，难以事前预料。能够忍辱负重才是真正男儿。西楚霸王啊，江东子弟人才济济，若能重整旗鼓卷土杀回，楚汉相争，谁输谁赢就很难说了。

【古诗里的故事】

　　汉王刘邦和楚霸王项羽为了争夺天下，进行了多年的激烈战争。

　　公元前202年，楚军大败，在垓下被汉军重重包围。当晚，韩信命汉军士兵夜唱楚歌，楚军士兵听到后思乡心切，军心瓦解。项羽见大势已去，便率领八百骑兵突围。逃到乌江时，项羽的部下只剩下二十八个人，而刘邦的追兵则有几千人之多。这时，乌江亭长撑着一只船过来，对项羽说："江东虽然小，但是也有一千里土地和几十万的百姓，您仍然可以在那里称王，咱们赶快渡江吧！"项羽苦笑着说："当初和我一起渡江西进的八千多江东子弟，如今没有一个活着。即使江东的父老兄弟同情我，继续拥戴我为王，我还有什么脸面去见他们呢？"说完，项羽就率领剩下的人跟汉军继续搏杀，最后战败，他拔剑自杀了。

司空见惯

【释义】司空经常看到,不足为奇。指某事常见,不足为奇。司空:古代官名。
【近义词】屡见不鲜
【反义词】鲜为人知

《赠李司空妓》
　　　（唐）刘禹锡
高髻（jì）云鬟（huán）宫样妆,
春风一曲杜韦娘。
司空见惯浑闲事,
断尽江南刺史肠。

【译文】梳着高高发髻、宫妆打扮的歌女,歌唱一曲《杜韦娘》后,满屋子充满了春意。官位很大的李司空对这样的场景已经见得多了,但作为苏州刺史的我对此情此景却不得不大发感慨啊!

【古诗里的故事】
　　刘禹锡是唐朝中期一位杰出的诗人。他在朝廷任职期间,因得罪朝廷权贵,屡次被贬。
　　后来,刘禹锡被诏回京城长安。当时长安城中有一个名叫李绅的诗人,当时任司空(古代中央政府中掌管工程事务的官员)。李绅对刘禹锡的才华仰慕已久,知道刘禹锡回京,就把刘禹锡请到家里来,摆了丰盛的酒席招待他。酒过三巡,李绅又叫来歌女演唱助兴。面对如此奢华的场面,刘禹锡想起自己仕途的坎坷,无限感慨涌上心头,吟出了一首七绝:"高髻云鬟宫样妆,春风一曲杜韦娘。司空见惯浑闲事,断尽江南刺史肠。"

扑朔迷离

【释义】原形容难辨兔子的雌雄。后比喻辨认不清是男是女。也形容事情错综复杂，不容易看清真相。扑朔：乱动；迷离：眼睛半闭。
【近义词】错综复杂　眼花缭乱
【反义词】一目了然　显而易见

《木兰辞》
北朝民歌

　　唧唧复唧唧，木兰当户织。不闻机杼声，惟闻女叹息。问女何所思，问女何所忆。女亦无所思，女亦无所忆。昨夜见军帖，可汗大点兵。军书十二卷，卷卷有爷名。阿爷无大儿，木兰无长兄，愿为市鞍（ān）马，从此替爷征。

　　东市买骏马，西市买鞍鞯（jiān），南市买辔（pèi）头，北市买长鞭。旦辞爷娘去，暮宿黄河边，不闻爷娘唤女声，但闻黄河流水鸣溅溅。旦辞黄河去，暮至黑山头，不闻爷娘唤女声，但闻燕山胡骑鸣啾啾。

　　万里赴戎机，关山度若飞。朔气传金柝（tuò），寒光照铁衣。将军百战死，壮士十年归。

　　归来见天子，天子坐明堂。策勋十二转，赏赐百千强。可汗问所欲，木兰不用尚书郎，愿驰千里足，送儿还故乡。

　　爷娘闻女来，出郭相扶将；阿姊（zǐ）闻妹来，当户理红妆；小弟闻姊来，磨刀霍霍向猪羊。开我东阁门，坐我西阁床；脱我战时袍，著我旧时裳；当窗理云鬓，对镜帖花黄。出门看火伴，火伴皆惊忙：同行十二年，不知木兰是女郎。

雄兔脚**扑朔**，雌兔眼**迷离**。双兔傍地走，安能辨我是雄雌？

【译文】织布机一声接着一声响起，木兰在对着门织布。织机停下来不再作响，只听见她在叹息。问姑娘在想什么，问姑娘在惦记什么。她回答说："我没有在想什么，也没有在惦记什么。昨夜看见征兵的文书，知道君王在大规模征募兵士，那么多卷征兵文书，每卷上都有父亲的名字。父亲没有长大成人的儿子，木兰没有兄长，木兰愿意去买来马鞍和马匹，从此替父亲去出征。"

木兰到东边的集市上买来骏马，西边的集市买来马鞍和垫子，南边的集市买来嚼子和缰绳，北边的集市买来长鞭。早上辞别父母上路，晚上宿营在黄河边，听不见父母呼唤女儿的声音，但能听到黄河汹涌奔流的声音。早上辞别黄河上路，晚上到达黑山脚下，听不见父母呼唤女儿的声音，但能听到燕山胡兵战马啾啾的鸣叫声。

行军万里奔赴战场作战，翻越关隘和山岭就像飞过去一样快。北方的寒风中传来打更的敲梆子的声音，清冷的月光映照着战士们的铠甲。将士们经过无数次出生入死的战斗，有些战死沙场，有些十年之后得胜而归。

归来朝见天子，天子坐上殿堂论功行赏，赏赐了很多的财物。天子问木兰想要什么，木兰说自己不愿做官，希望骑上一匹千里马，早日回到故乡。天子派士兵护送木兰回乡。

父母听说女儿回来了，互相搀扶着出城迎接；姐姐听说妹妹回来了，梳妆打扮起来；小弟听说姐姐回来了，霍霍地磨刀杀猪宰羊。木兰打开闺房东面的门，坐在闺房西面的床上，脱去打仗时穿的战袍，穿上以前的女装衣裳，当着窗子整理像云一样柔美的鬓发，对着镜子在额上贴好花黄。出门去见同营的伙伴，伙伴们都很吃惊：同行数年之久，竟然不知道木兰是姑娘。

雄兔被提起来时两只脚时常动弹，雌兔被提起来时两只眼时常眯着，很容易辨别。可是当雄雌两只兔子一起并排着跑时，怎能辨别出哪只是雄兔，哪只是雌兔呢？

游戏训练营

连连线

把相关联的选项连线。

天上人间　　　　　　春风一曲杜韦娘　　　　　　杜牧

卷土重来　　　　　　流水落花春去也　　　　　　李煜

司空见惯　　　　　　胜败兵家事不期　　　　　　刘禹锡

眼力大挑战

从每组的字里找出一个成语，写一写。

① 人 上 地 天 一 间

② 来 去 卷 重 国 土

③ 见 空 惯 母 土 司

成语大搜索

从下面的字里找出本单元的两个成语,写一写。

天	国	不	人	粉	粉
阴	色	见	拘	间	碎
司	箭	年	跎	飞	人
朝	春	空	华	扬	面
光	暮	上	宵	蹉	惯

一起来找错

找到成语中错误的字标出来,把正确的写在括号里。

1. 卷土从来
(　　)
司空见贯
(　　)

2. 天上人问
(　　)
扑朔谜离
(　　)

圆圈填空

在圆圈里填上不同的字,分别组成五个以"天"字开头的成语。

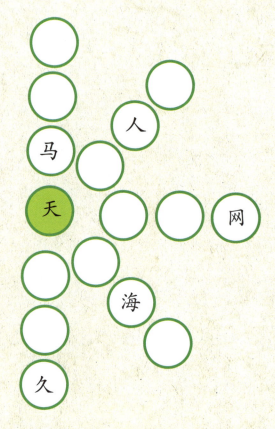

填一填

读句子,选出合适的成语填在括号里。

1. 在楼道里乱放自行车已经成为(　)的现象了。

   A. 卷土重来　B. 天上人间　C. 司空见惯

2. 这件事有很多疑点,显得(　)。

   A. 天上人间　B. 扑朔迷离　C. 卷土重来

3. 大批的蚊子(　),人们纷纷拿出已经收起来的驱蚊工具。

   A. 卷土重来　B. 扑朔迷离　C. 天上人间

第十一单元 非四字格成语

更上一层楼

【释义】原指想开阔眼界,就要再登上一层楼,立足于更高的位置。后常用于比喻再提高一步。
【近义词】再接再厉
【反义词】每况愈下

《登鹳雀楼》
（唐）王之涣

白日依山尽，黄河入海流。
欲穷千里目，**更上一层楼**。

【译文】夕阳依傍着西山慢慢地沉没，滔滔黄河朝着东海汹涌奔流。若想把千里的风光看够，那就要再登上一层楼。

不识庐山真面目

【释义】不知道庐山真正是什么样子。比喻对人或事物看不清真相。

《题西林壁》
（宋）苏轼

横看成岭侧成峰，远近高低各不同。
不识庐山真面目，只缘身在此山中。

【译文】从正面、侧面看庐山，山岭连绵起伏、山峰耸立；从远处、近处、高处、低处看庐山，庐山呈现各种不同的样子。我之所以认不清庐山真正的面目，是因为我身处在庐山之中。

桃李满天下

【释义】比喻培养出来的学生多,遍布各地。

《奉和令公绿野堂种花》
（唐）白居易

绿野堂开占物华,路人指道令公家。
令公桃李满天下,何用堂前更种花。

【译文】绿野堂前开着占尽了万物精华的花朵,路人都说那里就是令公的家。令公的学生如桃李遍布天下,何须在房前再种花呢?

少壮不努力,老大徒伤悲

【释义】年轻时不努力,等到年纪大了,悲伤也没有用了。
少壮:年轻力壮;老大:年岁大了;徒:白白地。

《长歌行》
（汉）乐府诗

青青园中葵,朝露待日晞（xī）。
阳春布德泽,万物生光辉。
常恐秋节至,焜（kūn）黄华叶衰。
百川东到海,何日复西归?
少壮不努力,老大徒伤悲。

【译文】园中的葵菜长得郁郁葱葱,晶莹的朝露等待阳光的照耀。春天给大地施予了阳光雨露,万物都生机盎然。常担心秋天的到来,树叶黄落花草凋零。百川奔腾着东流到大海,何时才能重新西归?少年人不及时努力,到老来只能是悔恨叹息。

山雨欲来风满楼

【释义】山雨将要来临时的情景。比喻将发生重大事件的前兆或气氛。也作"山雨欲来"。欲:将要。

《咸阳城东楼》
(唐)许浑

一上高城万里愁,蒹(jiān)葭(jiā)杨柳似汀洲。
溪云初起日沉阁,山雨欲来风满楼。
鸟下绿芜(wú)秦苑夕,蝉鸣黄叶汉宫秋。
行人莫问当年事,故国东来渭水流。

【译文】登上高楼,万里乡愁油然而生;望向远处的水草杨柳,在雾中就像江南的汀洲一样。溪云突起,红日落在寺阁之外;山雨未到,狂风已吹满咸阳楼。黄昏时,杂草丛生的园中,鸟儿在其中飞来飞去;深秋枯叶满枝的树上,蝉儿在不断地鸣叫。来往的过客不要问从前的事,国已故,渭水却一如既往地向东流。

心有灵犀一点通

【释义】原比喻恋爱着的男女两心相通。现泛指心意相通,对彼此的意思都能心领神会。
灵犀:犀牛角,旧说犀牛是灵兽,它的角中有白纹如线,贯通两端。
【近义词】心心相印

《无题(节选)》
(唐)李商隐

昨夜星辰昨夜风,画楼西畔桂堂东。
身无彩凤双飞翼,心有灵犀一点通。

【译文】昨夜星光灿烂,传来阵阵凉风,我们在画楼西畔、桂堂之东饮酒。身上虽然没有彩凤的双翼可以一起飞,心里却像有灵犀一般心意相通。

一日不见,如隔三秋

【释义】一天不见,就像过了三秋没见一样。形容十分思念。也作"一日三秋"。
【近义词】度日如年
【含有夸张成分的成语】 一目十行 一日千里 一字千金 百发百中 一日三秋
　　　　　　　　　　　不毛之地 胆大包天 寸步难行 一步登天 千钧一发

《诗经·王风·采葛》
彼采葛兮,一日不见,如三月兮!
彼采萧兮,一日不见,如三秋兮!
彼采艾兮,一日不见,如三岁兮!

【译文】那个采葛的姑娘,一天没有见到她,好像隔了三月啊!那个采萧的姑娘,一天没有见到她,好像隔了三秋啊!那个采艾的姑娘,一天没有见到她,好像隔了三年啊!

游戏训练营

连连线

把每个成语和对应诗里的诗句连一连。

桃李满天下　●　　　　　　　●　白日依山尽

更上一层楼　●　　　　　　　●　昨夜星辰昨夜风

不识庐山真面目　●　　　　　●　绿野堂开占物华

心有灵犀一点通　●　　　　　●　横看成岭侧成峰

成语大搜索

从下面的字里找出本单元的两个成语，写一写。

庐	桃	伤	识	犀	天
心	欲	来	风	楼	层
壮	李	少	努	下	目
不	不	真	老	面	通
有	雨	灵	满	大	山

一起来找错

找到成语中错误的字标出来，把正确的写在括号里。

1.
不识卢山真面目
（　　　）
心有零犀一点通
（　　　）

2.
一日不现，
如隔三丘
（　　　）
桃李漫天下
（　　　）

成语大迷宫

按照能组成成语的路线走一走，找到那位采药的姑娘吧！

入口 ↓

点	一	山	庐	识	不
通		有	心		识
少	犀	灵	目	楼	庐
		犀	面	真	山
通	点	一	目	假	真

填一填

读句子，选出合适的成语填在括号里。

1.老师常常告诉我们要珍惜时间努力学习，因为（　）。

A.一日不见，如隔三秋　B.不识庐山真面目　C.少壮不努力，老大徒伤悲

2.有些同学错误理解了题意，对于题目真是（　）啊！

A.不识庐山真面目　B.心有灵犀一点通　C.山雨欲来风满楼

3.我一定要抓紧时间好好复习，争取让今年期末考试的成绩（　）。

A.桃李满天下　B.更上一层楼　C.心有灵犀一点通

成语填空

用地名把成语补充完整。

不识（庐山）真面目

稳如（　）（　）　　（　）（　）纸贵　　（　）驴技穷

（　）（　）学步　　（　）（　）捷径　　（　）（　）酒徒

四面（　）歌　　　　乐不思（　）　　　　得（　）望（　）

（　）人忧天　　　　（　）（　）自大　　暗度（　）（　）

（　）（　）（　）上，草木皆兵　　一叶障目，不见（　）（　）

答案

第一单元

看图猜成语
①煮豆燃萁　②对酒当歌

连连线

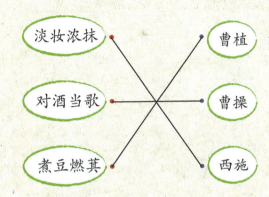

淡妆浓抹 — 西施
对酒当歌 — 曹操
煮豆燃萁 — 曹植

成语大搜索
①对酒当歌　②淡妆浓抹

一起来找错
①煮豆燃萁　②对酒当歌　③淡妆浓抹

圆圈填空

人来人往　人声鼎沸　人山人海　人心惶惶　人困马乏

眼力大挑战
①煮豆燃萁
②淡妆浓抹
③人约黄昏

成语大迷宫

黄	对	萁	👤	燃	人
约	人	👤	约	黄	约
👤	浓	豆	对	昏	对
浓	妆	浓	酒	当	酒
抹	绿	歌	当	煮	🐟

第二单元
看图猜成语
①万紫千红　②桃红柳绿　③绿肥红瘦　④绿叶成阴

连连线

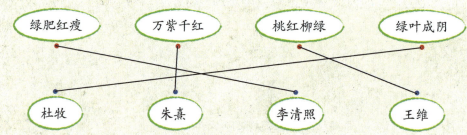

成语大搜索
①桃红柳绿　②青出于蓝

连连线

一起来找错
①万紫千红　②绿叶成阴　③青出于蓝

填一填
1. C　2. B

成语填空
唇红齿白　面红耳赤　花红柳绿　灯红酒绿
姹紫嫣红　万紫千红　惨绿愁红　青黄不接
青翠欲滴　绿水青山　平步青云　青红皂白

黄粱美梦　一枕黄粱　人约黄昏　明日黄花
心如死灰　筚路蓝缕　白头如新　花花绿绿
螳螂捕蝉，黄雀在后　近朱者赤，近墨者黑

第三单元
看图猜成语
①春色满园　②寒来暑往
圆圈填空
①春花秋月　春色满园　春风得意　②春暖花开　春华秋实　春晖寸草
成语填空
①前呼后拥　眼高手低　口是心非
②头重脚轻　前倨后恭　同甘共苦
③大材小用　弄假成真（或弄巧成拙）　举足轻重
连连线

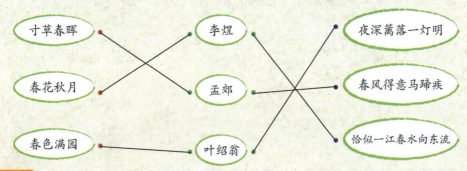

眼力大挑战
①春色满园　②春花秋月　③寒来暑往

成语大迷宫

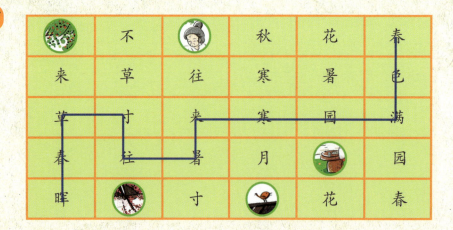

第四单元

看图猜成语
①柳暗花明 ②草长莺飞

眼力大挑战
①火树银花 ②草长莺飞 ③暗香疏影

连连线

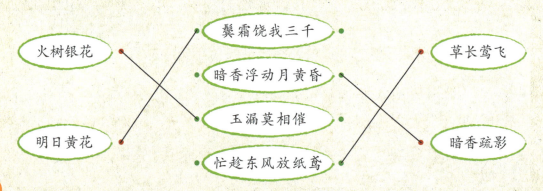

成语大搜索
①逃之夭夭 ②明日黄花 ③草长莺飞

一起来找错
①柳暗花明 暗香疏影 ②明日黄花 逃之夭夭

成语填空

春暖花开　落花流水　火树银花
锦上添花　心花怒放　春花秋月
如花似玉　昙花一现　柳暗花明
花好月圆　闭月羞花　天花乱坠
人面桃花　明日黄花　花言巧语

第五单元

看图猜成语
①水落石出　②月落乌啼　③浮云蔽日

连连线

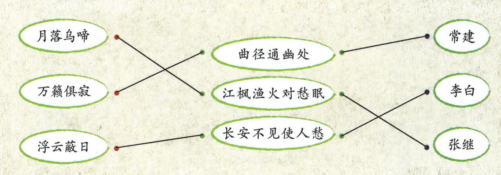

成语大搜索
①风吹雨打　②月落乌啼　③水落石出

一起来找错
①万籁俱寂　②晓风残月　③浮云蔽日

圆圈填空
①水土不服　水到渠成　水泄不通　水落石出　水深火热
②月落乌啼　月明星稀　月黑风高　月貌花容　月下老人

成语填空

①万里无云　天高云淡　乌云密布　风轻云淡
②落花流水　青山绿水　高山流水　车水马龙　水土不服
③雷霆万钧　雷厉风行　如雷贯耳　大发雷霆　暴跳如雷
④大雨滂沱　未雨绸缪　挥汗如雨　风调雨顺　倾盆大雨
⑤乘风破浪　春风得意　风雨飘摇　风雨如晦

第六单元

看图猜成语

①青梅竹马　　②红豆相思

连连线

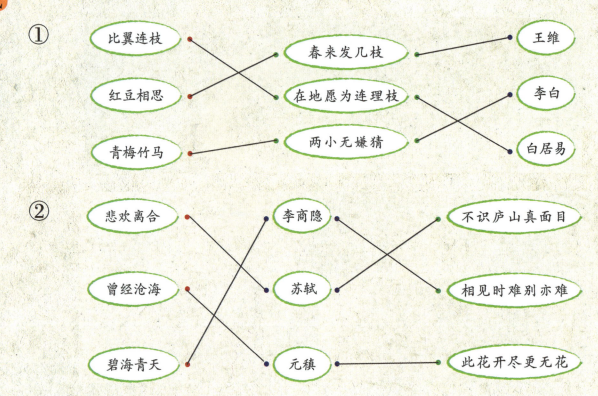

成语大迷宫

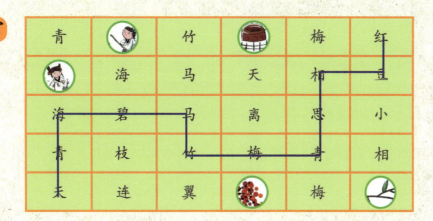

一起来找错

①比翼连枝　碧海青天　②曾经沧海　悲欢离合

填一填

1. C　2. A

眼力大挑战

①红豆相思　②比翼连枝　③悲欢离合　④碧海青天

第七单元

看图猜成语

①车水马龙　②蜻蜓点水　③走马观花　④劳燕分飞

连连线

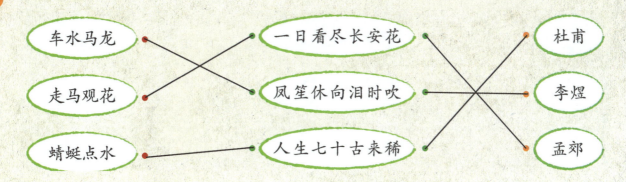

成语大搜索
①劳燕分飞　②车水马龙　③走马观花

眼力大挑战
①劳燕分飞　②车水马龙

填一填
1. C　2. B

成语填空

狐假虎威	画蛇添足	鸡鸣狗盗	鸡犬升天
走马观花	贼眉鼠眼	鹤立鸡群	胆小如鼠
兵荒马乱	引狼入室	车水马龙	井底之蛙
亡羊补牢	九牛一毛	门可罗雀	鸦雀无声
与虎谋皮	天马行空	为虎作伥	盲人摸象
指鹿为马	对牛弹琴	蛛丝马迹	惊弓之鸟
悬崖勒马	狼狈为奸	狼心狗肺	青梅竹马
千军万马	飞蛾扑火	三天打鱼，两天晒网	

圆圈填空
明日黄花　火树银花　闭月羞花　走马观花　人面桃花

第八单元

看图猜成语
①一片冰心　②人面桃花　③粉身碎骨

连连线

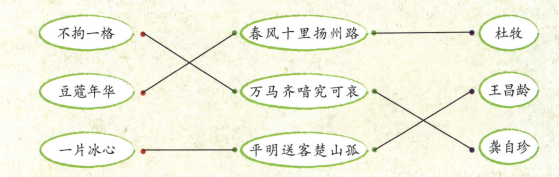

成语填空

斩草除根　草菅人命　打草惊蛇　世外桃源
面若桃花　投桃报李　桃红柳绿　青梅竹马
望梅止渴　移花接木　出水芙蓉　花好月圆
柳暗花明　百步穿杨　叶落归根　火树银花
树大招风　势如破竹　胸有成竹　雨后春笋
指桑骂槐　顺藤摸瓜　昙花一现　拔苗助长
藕断丝连　如火如荼　萍水相逢　青葱岁月

一起来找错

①温故知新　粉身碎骨　②豆蔻年华　飞扬跋扈

圆圈填空

①不紧不慢　不慌不忙　不折不扣　不三不四
②不温不火　不伦不类　不知不觉　不卑不亢
③不可思议　不假思索　不约而同　不堪回首　不可救药

成语大迷宫

	心	桃	面		人
一	天		花	桃	面
片	色	国	结	花	开
	拘		身	粉	果
格	不	骨	碎	骨	

眼力大挑战
①不拘一格　②一片冰心　③国色天香　④粉身碎骨

第九单元

看图猜成语
光阴似箭

成语大搜索
①朝朝暮暮　②光阴似箭

圆圈填空
春花秋月　春风得意　春暖花开　春宵一刻　春色满园

填一填
1.C　2.B

一起来找错
①春宵一刻　蹉跎岁月　②光阴似箭　朝朝暮暮

成语填空

鬼鬼祟祟	吞吞吐吐	花花绿绿	浑浑噩噩
轰轰烈烈	家家户户	兢兢业业	密密麻麻
袅袅婷婷	扭扭捏捏	林林总总	三三两两
郁郁葱葱	熙熙攘攘	洋洋洒洒	稀稀拉拉
嘻嘻哈哈	庸庸碌碌	风风雨雨	风风火火
日日夜夜	堂堂正正	生生世世	昏昏沉沉
口口声声	踉踉跄跄	婆婆妈妈	唯唯诺诺
形形色色	战战兢兢	支支吾吾	影影绰绰

眼力大挑战

①春宵一刻　②蹉跎岁月　③光阴似箭　④朝朝暮暮

第十单元

连连线

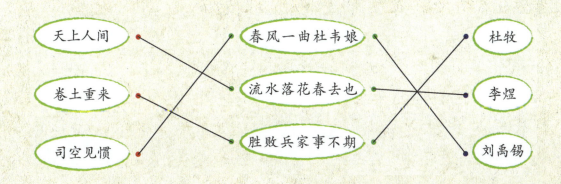

眼力大挑战

①天上人间　②卷土重来　③司空见惯

成语大搜索
①天上人间　②司空见惯
一起来找错
①卷土重来　司空见惯　②天上人间　扑朔迷离
圆圈填空
天马行空　天上人间　天罗地网　天涯海角　天长地久
填一填
1.C　2.B　3.A

第十一单元
连连线

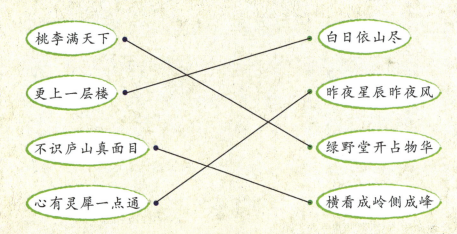

成语大搜索
①桃李满天下　②不识庐山真面目
一起来找错
①不识庐山真面目　心有灵犀一点通　②一日不见，如隔三秋　桃李满天下

成语大迷宫

点	一	山	庐	识	不
通		布	心		课
少	犀	灵	目	楼	庐
		犀	面	真	山
通	点		目	假	真

填一填

1.C 2.A 3.B

成语填空

稳如泰山　洛阳纸贵　黔驴技穷
邯郸学步　终南捷径　高阳酒徒
四面楚歌　乐不思蜀　得陇望蜀
杞人忧天　夜郎自大　暗度陈仓
八公山上，草木皆兵　一叶障目，不见泰山